Text: **Ryszard Karuzo**

Fotos: **Andrzej Stachurski**

KANAŁ ELBLĄSKI

(EHEM. OBERLANDKANAL)

ZUM NAMEN

Der amtliche Name für diesen Kanal lautet "Kanal Elbląski". Parallel dazu werden aber auch andere Namen verwendet, am häufigsten "Kanal Ostródzko-Elbląski". Bis 1945 war auch die Bezeichnung "Oberlandkanal", in Bezug auf den Abschnitt Miłomłyn- Drużno-See in Gebrauch. Die gleiche Strecke wurde noch nach dem 2. Weltkrieg "Kanal Warmiński" genannt. Darüber hinaus war früher auch der Begriff "Kanal Staropruski" (Pruzzischer Kanal) bekannt.

DIE GENEIGTE EBENE BUCZYNIEC

DIE LAGE DES KANALS

Der Kanal Elbląski durchschneidet die Seenplatte Iławskie und den Weichselwerder und verläuft durch die Region Westmasuren und das Land an der unteren Weichsel. Die Anlage liegt in der Woiwodschaft Warmińsko-Mazurskie. Sie stellt ein Wassersystem dar, welches vorwiegend im Einzugsbereich der Weichsel liegt.

BUCZYNIEC

EIN DENKMAL DER HYDROTECHNIK

Schon im Jahr 1978 wurde ein Abschnitt des Kanals ins Register eingetragen als technisches Denkmal. 2011 wurde er als historisches Denkmal anerkannt. In einer Umfrage der Zeitschrift "Rzeczpospolita" im Jahr 2007 wurde der Kanal zu den "Sieben

Wundern Polens" gezählt. In Europa ist er die einzige Anlage dieser Art, darüber hinaus eine große Sehenswürdigkeit weltweit. Im ehemaligen Ostpreußen wurde der Kanal, neben dem Schlosskomplex in Malbork (ehem. Marienbug) und den Dünen auf der Kurischen Nehrung, zu den schönsten und attraktivsten landeskundlichen Elementen gezählt, also den sog. „Wundern der Provinz".

BUCZYNIEC

ENTFERNUNGEN IN KILOMETERN

Der Kanal ist als schiffbarer Wasserweg der längste in Polen und zieht sich über 84,2 km hin. Diese Länge wird zusätzlich durch die Abzweigungen auf 151,7 km erhöht. Der Abschnitt von Elbląg nach Ostróda ist 82 km lang. Von der Mündung des Kanals in den Drużno-See bis zur Schleuse in Miłomłyn sind es 52 km. Die Strecke von Miłomłyn über den Kanal Iławski nach Zalewo beträgt 49,9 km, und nach Iława – 32,2 km. Die Wasserroute von Ostróda nach Iława ist 48 km lang, die von Ostróda nach Staszkowo – 16,8 km.

DIE GESCHICHTE DES KANALS

Das Projekt, die natürlichen Seerinnen, die sich in Nord-Süd-Richtung hinziehen, miteinander zu verbinden, stammt aus dem Jahr 1825. Wirtschaftliche Bedürfnisse begründeten damals diese Idee. Der Wassertransport hatte zu jener Zeit noch keine Konkurrenz bei der Beförderung von Massenfracht und Fertigprodukten. Aufgrund der steigenden landwirtschaftlichen Produktion entwickelte sich in der Region eine kleine Verarbeitungsindustrie. Die Nachfrage nach Baumaterialien und Holz nahm immer mehr zu.

POCHYLNIA BUCZYNIEC

Dem Erbauer
des oberländischen Canals
und der geneigten Ebenen
Dem Königlichen Baurath
STEENKE
am 50 jährigem Dienstjubiläum
d. 15. Juli 1872
zu dauernder Anerkennung
Die dankbaren Landwirthe
BUDOWNICZEMU KANAŁU
ELBLĄSKIEGO KRÓLEWSKIE-
MU RADCY BUDOWLANEMU
STEENKE – W 50-LECIE
PRACY 15 VII 1872 W DOWÓD
TRWAŁEGO UZNANIA
WDZIĘCZNI ROLNICY
HET KANAAL EN SCHEEPSHEL
LING ELBLAG – ZIJN KONINK
LIJKE BOUW EN RAADSHEER
STEENKE VOOR 50 JAAR
BEROEPSARBEID 15 JULI 1872
BEWIJS VAN VOORTDURENDE
WAARDERING – UIT DANKBA
ARHEID VAN LANDBOUWERS

Der nächste Ostseehafen für den landwirtschaftlich geprägten Elbląger Werder und einen Teil des Landes an der unteren Weichsel und Masuren war Elbląg. Von dort aus war es nicht weit nach Danzig (über den Jagiellonen-Kanal und die Nogat) sowie Königsberg. Der Kanalbau brachte viele Vorteile für die Benutzer der Anlage. Der Umfang der landwirtschaftlichen und kleinindustriellen Produktion vergrößerte sich. Auch die Holzproduktion nahm zu. Der Umsatz des Hafens in Elbląg zeigte die gleiche Tendenz. Holz und Getreide waren dabei das Hauptfrachtgut.

Das Kanalprojekt leitete der deutsche Ingenieur Georg Jacob Steenke. Er war auch Bauleiter und Verwalter des Kanals. An der geneigten Ebene in Buczyniec wurde ein Gedenkobelisk für ihn aufgestellt.

Die technische Planung zum Kanalbau wurde von Ing. Steenke in den Jahren 1837-1844 vorbereitet. Mit den Bauarbeiten wurde 1844 begonnen. Bis zum Jahr 1858 entstand die Strecke Miłomłyn – Ilawa, und der Wasserweg Elbląg – Iława wurde 1860 dem Verkehr feierlich übergeben. Interessant ist dabei, dass ein Abschnitt des Kanals Iławski, über den Karnickie-See führend, in einem 484 m langen Erdwall verläuft, der eine Höhe von 6 m hat und auf dem Seegrund aufgeschüttet wurde. Das Wasserniveau des Erdwalls liegt 3 m oberhalb der Seefläche. So wird die Aussicht vom Bord des Schiffes aus einzigartig. 1872 wurde der Kanalabschnitt Miłomłyn – Ostróda in Betrieb genommen. Von Ostróda aus führt in südöstlicher Richtung nach Staszkowo eine Kanalabzweigung, erbaut 1872-1876. Der Kanal Elbląski wurde mehrere Male modernisiert. Nach Beseitigung der Kriegsschäden und Reparatur der Anlagen wurde er im Juli 1947 wieder in Betrieb genommen.

DIE DENKMALGESCHÜTZTEN ANLAGEN UND BAUWERKE

Die größte Herausforderung beim Bau des Kanals stellte die Durchquerung eines Geländeabschnitts mit einer Länge von 11 km zwischen dem Drużno- und Pniewo-See dar, wobei der Höhenunterschied ca. 99 m betrug. Eine bahnbrechende Lösung nach dem Maßstab damaliger Zeiten brachte nun der Bau von fünf geneigten Ebenen: Buczyniec, Kąty, Oleśnica, Jelenie, Całuny. Das Schiff wurde jetzt auf spezielle Plattformen verlegt, die dann auf Schienen mit stählernen Seilen gezogen wurden. Letztere spannen die Seilwinden auf. Die Bewegung findet gleichzeitig in beiden Richtungen statt – sowohl auf das höhere als auch auf das niedrigere Niveau. Die Wasserräder bringen die Plattformen in Bewegung. Die geneigte Ebene Buczyniec ist mit 550 m die längste und die Ebene Oleśnica mit 350 m die kürzeste, obwohl sie den größten Höhenunterschied (24,5 m) aufweist. Den kleinsten Höhenunterschied – 13 m – hat die geneigte Ebene in Całuny. Die am weitesten entfernten geneigten Ebenen – Buczyniec und Całuny – liegen 9,6 km voneinander.

Die geneigten Ebenen im Kanal Elbląski sind die einzigen weltweit, die noch betrieben werden. Bis 1924 wurde noch ein Kanal mit einer Reihe von geneigten Ebenen in New Jersey (USA) benutzt, der schon sechs Jahre vor der Vollendung des Kanals Elbląski fertig war.

Auf der Route dieses Kanals wurden vier Schleusen eingerichtet: Zwei auf dem Abschnitt Ostróda – Elbląg und zwei auf der östlichen Abzweigung: Ostróda und Mała Ruś.

Bei den geneigten Ebenen befinden sich denkmalgeschützte Gebäude mit Maschinenanlagen. Über dem Kanal wurden auch bis heute bestehende steinerne Brücken erbaut, wobei manche aus der Mitte des 19. Jh. stammen.

KANAŁ
ELBLĄSKI
POCHYLNIA KĄTY
CYRANKA
CYRANKA

CYRANKA
CYRANKA

In Buczyniec lohnt es sich, die Sammlungen des Museums für Kanalgeschichte zu betrachten, wo u. a. die alten Anlagen und historischen Dokumente präsentiert werden.

Der Bau aller Anlagen des Kanals Elbląski kam auf eine riesige Summe von 5,8 Mld. Mark, was nach damaligen Verhältnissen ungefähr 77 t reinem Gold entsprach (!).

BUCZYNIEC

OSTRÓDA

CYRANKA
CYRANKA

DIE GRÖSSEREN ORTE AN DER STRECKE DES KANALS

Elbląg ist die größte Stadt an der Strecke des Kanals Elbląski. Sie war von 1975-1988 die Hauptstadt der Woiwodschaft Elbląskie. Die künstliche Bahn des Kanals verläuft weiter durch den nah gelegenen Drużno-See und verbindet sich mit dem Fluss Elbląg. In der Stadt, etwa 5,5 km vom See entfernt, liegt am Fluss der Binnenschifffahrtshafen. Von hier aus legen die Schiffe nach Ostróda, Krynica Morska und Frombork ab. Der Kanal Jagielloński, der eine Verlängerung des Kanals Elbląski darstellt und sogar unter diesem Namen auf manchen Landkarten eingezeichnet ist, verbindet den Fluss und die Stadt mit der Nogat. Die Elbląg ist hingegen ein Wasserweg zwischen dem Kanal Elbląski und dem Wiślany- (Frischen) Haff. In der Stadt befindet sich auch ein Meereshafen. Hier trifft die Land- mit den Meeresrouten zusammen.

DRUŻNO - SEE

▲ ELBLĄG ▼ OSTRÓDA

IŁAWA

Ostróda ist eine Kreisstadt, stark mit Gewässern verbunden. Sie wurde auf einem Werder zwischen den Armen der Drwęca (Drewenz) angelegt. Am östlichen Ufer des Drwęckie-Sees liegt die Schiffsanlegestelle. Hier befindet sich ein Knotenpunkt der Wasserwege, die nordwärts nach Elbląg, westwärts nach Iława und ostwärts nach Stare Jabłonki führen. Der Letztgenannte ist nur für Segel- und Paddelboote geeignet. Die wichtigste Stadt an der Drwęca ist Ostróda. Von hier aus führt die Paddelroute zur Weichsel.

Iława ist eine Kreisstadt, welche am südlichen Ufer des Jeziorak-Sees liegt. Dieser See ist mit seinen 27,4 km der längste Polens. Die Stadt liegt überdies gegenüber der größten Binnenseeinsel Polens – Wielka-Żuława (84 ha). Am Ufer der Kolejowa-Bucht liegt die Schiffsanlegestelle und von hier aus lässt sich mit dem Schiff über das Wassersystem des Kanals Elbląski am weitesten nach Süden gelangen.

MIŁOMŁYN

Miłomłyn ist eine Stadt mit einer Haltestelle am Kanal Elbląski. Im westlichen Teil der Ortschaft liegt die Schleuse Miłomłyn, im östlichen – der Miłomłyn-See. Die Schleuse stellt dabei den wichtigsten, zentral gelegenen Punkt am Kanal dar, welcher für die Einhaltung des gleichen Wasserniveaus in vielen Seen um Iława und Ostróda, welche zu diesem Wassersystem gehören, sorgt. Unmittelbar nördlich von der Schleuse zweigt unter der Brücke der nach Westen verlaufende Kanal Iławski ab.

Małdyty ist ein Gemeindedorf. In der Bucht des Sambród-Sees befindet sich eine Schiffsanlegestelle. Durch die Ortschaft verlaufen beinahe parallel zueinander: Die Route des Kanals Elbląski, die Landstraße Warschau – Gdańsk (ehem. Danzig) sowie die elektrifizierte Bahnlinie Olsztyn – Gdańsk.

MAŁDYTY

Zalewo ist eine Stadt, gelegen am Nordufer des Ewingi-Sees. Das Gewässer ist mit dem Jeziorak-See über den Dobrzycki-Kanal verbunden. Am nordöstlichen Ufer des Ewingi-Sees wurde eine Schiffsanlegestelle eingerichtet.

DIE STELLUNG DES KANALS ELBLĄSKI IM SYSTEM DER WASSERWEGE

Um die Wende zum 20. Jh. verlor der Kanal Elbląski seine wirtschaftliche Bedeutung, die er zum Zeitpunkt des Baues noch hatte. Dies geschah zunächst durch die Entwicklung des Eisenbahn- und dann auch des Autoverkehrs. Nun war er als Transportweg nicht mehr konkurrenzfähig. Aber dann tauchte die neue Funktion des Kanals auf: Als Attraktion für die Wassertouristik. Seit 1912 begannen hier die Passagierschiffe zu verkehren. Derzeit unterhält die Schifffahrt Ostróda – Elbląg die regelmäßigen Verbindungen auf der Strecke zwischen diesen Städten und zwar in beiden Richtungen. Die Fahrt in einer Richtung nimmt 11 Stunden in Anspruch; für die Strecke Miłomłyn – Iława braucht man 4 Stunden, für die von Ostróda nach Iława – zwei Stunden mehr.

Auf der Drwęca führt eine Paddelroute von Ostróda zur Weichsel, deren Länge 208 km beträgt. Auf der Weichsel wird bereits der Zugang zum mitteleuropäischen Wassernetz eröffnet. Nicht weit weg von der Mündung der Drwęca in die Weichsel liegt ein Wasserweg zwischen der Weichsel und Oder, und weiter westwärts, im Bereich des Binnenwassersystems, ist es möglich zu Wasser nach Berlin, Paris, Marseilles und sogar zum Mittelmeer zu gelangen. Über die Donau, welche auch in dieses System integriert ist, öffnen sich auch die Wege nach Wien, Bratislava, Budapest, Belgrad und ans Schwarze Meer.

Nach dem Bau des Kanals Elbląski war es geplant, einen anderen Kanal in Ost-West-Richtung einzurichten, um eine Verbindung mit den Großen Masurischen Seen zu erreichen. Zum letzten Mal wurde diese Idee bei einer Versammlung von Fachgremien in Toruń (ehem. Thorn) im Januar 1908 erörtert, indem ein solcher Kanal von der Weichsel zu den Seen um Iława und dann zu den masurischen Seen führen sollte. Die Finanzmittel waren aber zu knapp.

Über den Kanal Elbląski lässt sich trotzdem zu den Großen Masurischen Seen gelangen, aber auf einem unbequemen Umweg über die Weichsel und deren Zuflüsse. Nach der Durchführung der Pläne, den Śniardwy (ehem. Spirdingsee) mit den Seen um Ełk (ehem. Lyck) und Augustów zu verbinden, wird auch die Möglichkeit bestehen, nach Weißrussland und Litauen (über den Kanal Augustowski und die Memel) zu kommen.

Von Elbląg oder Ostróda aus, über die Weichsel und deren Zuflüsse lässt sich die Fahrt zum Zuflussgebiet des Dnjepr und weiter nach Kiew und ans Schwarze Meer fortsetzen. Die Ostsee liegt aber viel näher.

Der Kanal Elbląski stellt eine weltweite Sehenswürdigkeit dar, bildet ein Bindeglied mit Europa und erfreut sich immer größerer Beliebtheit, besonders dank der unlängst unternommenen Sanierung und Renovierung.

DER MASCHINENRAUM BUCZYNIEC